AF244731

LÉGION D'HONNEUR.

Pétition

A Messieurs les Membres de la Chambre des Députés,

ADRESSÉE PAR **MARIÉ DUPLAN**,

OFFICIER de la Légion d'Honneur, etc., qui réclame contre la réduction *à moitié* du traitement de la Légion d'Honneur, et en sollicite le paiement intégral, conformément à la loi du 15 Mars 1815.

La Commission ne manquera pas de vous soumettre les moyens de faire cesser, dès cette année, la banqueroute scandaleuse qui a lieu aujourd'hui à l'égard des Légionnaires.

Discours de M. CHAUVELIN, *séance du 6 avril 1819.*

A PARIS,

CHEZ **CORRÉARD**, Libraire, au Palais-Royal, Galeries de Bois, N.º 258.

1819.

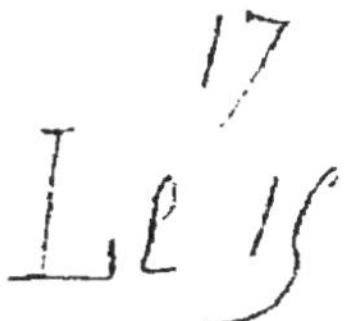

DE L'IMPRIMERIE DE CORDIER.

A MESSIEURS

LES MEMBRES DE LA CHAMBRE
DES DÉPUTÉS.

MESSIEURS,

UN militaire couvert d'honorables cicatrices, a l'honneur de vous exposer, qu'il a adressé à la grande chancellerie et aux Chambres, en 1817, 1818 et 1819, sa réclamation contre la réduction *à moitié* du traitement de la légion d'honneur, qui est exercée avec effet rétroactif sur celui de 1814 jusqu'à ce jour.

N'ayant pas perdu tout espoir d'obtenir satisfaction, il vient de nouveau, en sa qualité de militaire amputé, vous supplier, MESSIEURS, de faire valoir les droits des membres de l'ordre, pour que justice leur soit rendue.

La Légion a été maintenue dans ses honneurs et prérogatives par les articles 69 et 72 de la charte constitutionnelle; et le Roi, chef souverain et grand-maître de l'Ordre, *afin que ce soit chose ferme et stable à toujours*, proposa aux Chambres la loi du 15 mars 1815, qui fut adoptée à l'unanimité : cette loi conserve le traitement *en entier*, et y admet tous les militaires nommés depuis la restauration.

Si le défaut de fonds empêche l'exécution de cette loi, et que les 6,861,902 francs de revenus que la Légion possède encore (d'après les comptes rendus par le maréchal duc de Tarente à Sa Majesté, le 3 avril dernier), ne soient pas suffisans, nous sommes persuadés que le Roi et les deux Chambres réunis, feront les sacrifices nécessaires pour compléter aux militaires un traitement acquis sur le champ de bataille, au prix de leur sang, versé pour la Patrie.

J'ai l'honneur d'être, avec le plus profond respect,

MESSIEURS,

Votre très-humble et très-obéissant serviteur,

MARIÉ DUPLAN,

Officier de la Légion d'Honneur, etc.

Paris, ce 18 octobre 1819.

LOI

CONCERNANT les récompenses nationales et les MEMBRES de la Légion d'Honneur.

Paris, le 15 Mars 1815.

LOUIS, par la grâce de Dieu, ROI DE FRANCE ET DE NAVARRE, à tous ceux qui ces présentes verront, SALUT.

Nous avons proposé, les Chambres ont adopté, nous avons ordonné et ordonnons ce qui suit:

ART. 1.er Les arrérages dus à tous les Militaires membres de la Légion d'Honneur, quel que soit leur grade, leur seront payés *en entier* sur le pied de 1813.

2. Tous les brevets de nominations faites jusqu'au 1.er avril 1814, seront expédiés sur-le-champ, et à la date des lettres d'avis déjà reçues.

3. Tous les Militaires par nous promus seront également admis au traitement affecté à leurs grades respectifs, et à la date de leur nomination.

La présente loi, discutée, délibérée et adoptée par la Chambre des Pairs et par celle des Députés, et sanctionnée par nous cejourd'hui, sera exécutée comme loi de l'état; voulons, en conséquence, qu'elle soit gardée et observée dans tout notre royaume, terres et pays de notre obéissance.

Si donnons en mandement à nos cours et tribunaux, préfets, corps administratifs, et tous autres, que les présentes ils gardent et maintiennent, fassent

(6)

garder, observer et maintenir, et, pour les rendre plus notoires à tous nos sujets, il les fassent publier et enregistrer partout où besoin sera ; car tel est notre plaisir ; et afin que ce soit chose ferme et stable à toujours, nous y avons fait mettre notre scel.

Donné à Paris, le quinzième jour de mars de l'an de grâce mil huit cent quinze, et de notre règne le vingtième.

Signé LOUIS.

Vu et scellé du grand sceau :

Le Chancelier de France,
Signé DAMBRAY.

Par le Roi :

Le Ministre, Secrétaire
d'État de l'Intérieur,
Signé l'Abbé DE MONTESQUIOU.

CERTIFIÉ conforme par nous

Secrétaire général de la Chancellerie de France et du Sceau, Membre de la Légion d'Honneur,

Par ordre de Monseigneur le Chancelier :

LE PICARD.

DISCOURS

PRONONCÉS

PAR MESSIEURS LES DÉPUTÉS,

Pour faire obtenir justice aux Membres de la Légion d'Honneur.

M. Dupont (de l'Eure). — *Séance du 16 Avril 1818.*

MESSIEURS,

La Légion d'Honneur a été solennellement reconnue et conservée par la charte constitutionnelle.

Depuis lors son institution est restée la même, ou au moins elle n'a été modifiée par aucun acte de la puissance législative, la seule qui ait le droit de déroger aux lois préexistantes. Tous les changemens apportés à son organisation n'y ont été introduits que par de simples ordonnances, contresignées par le président du conseil des ministres.

Quant à sa dotation, à ses biens, à ses revenus et à ses charges, ce que vous apprend l'ordonnance du 26 mars 1816, c'est que le grand-chancelier de l'ordre dirige toutes les parties de l'administration, surveille la perception des revenus et le paiement des dépenses, dont le compte est apuré annuellement par la chambre des comptes.

Mais quel est le résultat de cet apurement ? quelle est la quotité des biens et la nature des charges ? Voilà ce que nous ignorons complètement, et ce que ne savent pas même les seuls, les légitimes propriétaires de ces biens ; c'est-à-dire les membres pensionnés de l'ordre.

On dit qu'il a fait des pertes considérables, et c'est pour cela, ajoute-t-on, qu'il a fallu réduire *à moitié* le traitement de la plupart des légionnaires, par ordonnance du 28 décembre 1816.

Mais cette ordonnance, qui ne se trouve pas au *Bulletin des Lois*, n'est-elle pas en opposition avec les lois des 29 floréal an 12 et 15 mars 1815 ; avec l'article 69 de la charte ? N'était-ce pas d'ailleurs à la puissance législative seule qu'il appartenait de statuer sur une modification aussi importante, et à ordonner la réduction de pensions ou de traitemens aussi légitimement acquis ?

Où est, encore une fois, la preuve de l'insuffisance des revenus de la Légion, de la nécessité de réduire *à moitié* le traitement de ses membres, et même de donner, comme on l'a fait, un effet rétroactif à cette mesure jusqu'au 1.er janvier 1814 ? Il me semble que les convenances et la justice ne permettent pas de retarder plus long-temps la publication des comptes de l'administration générale de l'ordre. La Légion d'Honneur est une institution tout-à-fait nationale et constitutionnelle ; ses biens ne peuvent donc être considérés comme une propriété privée, dont la disposition et l'emploi puissent rester étrangers aux députés de la nation.

J'ignore ce que peuvent coûter à la Légion sa contribution dans les dépenses de la maison de Saint-Denis, les retenues pour la caisse des invalides, et surtout les traitemens du grand-chancelier et de ses bureaux; mais, sans aucun doute, le produit de ces dépenses est très-considérable, et n'est pas la moindre cause du déficit que l'on dit exister dans les revenus. Est-il juste, je le demande, de les soumettre encore à tous ces prélèvemens? N'est-il pas convenable que l'administration en rende un compte exact et détaillé? Alors les parties intéressées connaîtront le véritable état de leurs affaires, pourront mieux signaler les abus s'il en existe, ou se soumettront avec plus de résignation aux sacrifices dont la nécessité sera mieux démontrée; alors aussi, Messieurs, chacun de nous sera plus à portée de peser les avantages ou les inconvéniens de l'administration actuelle, et d'apprécier les moyens d'amélioration proposés par quelques pétitionnaires, ou indiqués par des écrits qui nous ont été distribués.

Je sais, Messieurs, que, dans l'ignorance où l'on nous a laissés sur les affaires de la Légion, et au milieu des charges qui pèsent sur nous, nous ne pouvons faire les fonds nécessaires pour rétablir le niveau entre ses recettes et ses dépenses; mais je n'en crois pas moins qu'il y a lieu d'appeler l'attention du gouvernement sur cet objet important et vraiment national.

Pour moi, je forme ici le vœu que désormais le compte général des recettes et des dépenses soit rendu public ; qu'il soit communiqué aux deux chambres, et qu'à la prochaine session il soit statué, par une loi, sur la dotation, l'administration et la comptabilité de la Légion d'Honneur.

Dans la même séance, M. *de Chauvelin* expose « que l'ordre de la Légion d'Honneur est dans un véritable état de souffrance ; c'est ce qui résulte des nombreuses pétitions qui sont parvenues à la chambre. Les formes protectrices de l'ordre devaient s'étendre sous le régime de la charte ; loin de là, elles se sont restreintes, et il se trouve livré à l'arbitraire des décisions particulières. Il importe essentiellement que les chambres soient éclairées sur l'administration de ses revenus. La proposition de M. Dupont est équitable, conforme aux principes et à l'opinion manifestés par la commission du budget ; la chambre ne peut donc se dispenser de l'accueillir. »

Séance du 12 Février 1819.

Rapport fait au nom de la Commission des Pétitions, par M. Jobez.

Le sieur Marié Duplan, militaire amputé, officier de la Légion d'Honneur, à Paris ; le sieur Taillebosq, chevalier de la Légion d'Honneur, à Versailles ; quarante-neuf Légionnaires du département de l'Isère, et soixante de la Seine-Inférieure, récla-

ment contre la réduction *à moitié* du traitement de
la Légion d'Honneur, et en sollicitent le paiement
intégral.

MESSIEURS,

Déjà, dans le cours de la session dernière, des réclamations semblables ont été l'objet de l'attention
sérieuse de la chambre, particulièrement dans la
séance du 16 avril, où, après un rapport détaillé et
une discussion approfondie, plusieurs mémoires sur
ce sujet important furent renvoyés au président du
conseil des ministres.

Ce renvoi a été jusqu'ici sans résultat, et chaque
jour sans doute nous verrons renaître à cet égard des
plaintes nouvelles, tant que les comptes de la Légion
d'Honneur ne seront pas communiqués aux chambres
et rendus publics, tant que sa dotation définitive ne
sera pas réglée d'une manière légale, et que de simples
ordonnances modifieront les lois qui protégent ou qui
devraient protéger cette grande institution.

Nous sommes bien persuadés, d'après les renseignemens que nous avons recueillis, que les fonds
affectés aux dépenses sont insuffisans pour payer
l'intégralité des pensions; qu'une sévère économie,
une justice rigoureuse en dirigent l'emploi, et que les
règles inflexibles de l'ordre sont appliquées à toutes les
parties de cette administration; mais, quelle que soit
la confiance que nous inspire l'autorité de ces assertions, devons-nous, Messieurs, nous en contenter?
Sont-ce des renseignemens indirects, de simples dé-

clarations que nous avons à recevoir sur la comptabilité et l'emploi d'une dotation nationale, destinée à récompenser tous les services publics, et surtout le dévouement immortel de nos guerriers? Les recettes et les dépenses de cette administration ne doivent-elles pas être soumises constitutionnellement aux chambres, comme toutes les autres branches du revenu public? N'est-il pas permis de s'étonner que les intéressés eux-mêmes soient laissés, à cet égard, dans une ignorance complète, et qu'on n'ait pas daigné justifier, par des comptes officiels, la réduction si considérable de leurs traitemens? N'importait-il pas, en effet, de faire connaître, avec un scrupule religieux, les ressources actuelles de la dotation, le nombre et les titres de ceux qui doivent participer à ses revenus, pour les consoler au moins de leurs sacrifices, s'il n'est pas possible de les leur épargner, et leur en faire supporter avec moins de regret la triste nécessité? Enfin, la France n'a-t-elle pas le besoin et le droit de savoir comment sont distribuées les récompenses nationales, solennellement accordées à ceux qui l'ont glorieusement servie?

Ce ne sera pas en vain sans doute que cet espoir aura été si hautement manifesté dans la session dernière, par plusieurs honorables collègues et par votre commission des finances. Aucun vœu légitime ne peut être déçu sous un gouvernement dont la volonté constitutionnelle se développe chaque jour avec plus de force et de loyauté. Nous avons même lieu de croire qu'un travail se prépare à ce sujet dans les bureaux de la grande chancellerie, et que les comptes seront enfin publiés, avec un précis de l'état de cette administration, et des vicissitudes qu'elle a éprouvées depuis son existence.

En attendant cette publicité, qui ne pourra suppléer néanmoins à la communication officielle que nous avons le droit d'espérer, nous croyons devoir rappeler quelques-uns des renseignemens semi-officiels qui vous furent donnés l'année dernière sur la situation de la Légion d'Honneur. Il n'est peut-être pas inutile de vous faire remarquer d'abord la marche inconstante et irrégulière des décisions qui la gouvernent.

Vous savez que cette glorieuse institution a été créée par la loi du 29 floréal an 10, qui n'a point été rapportée. Les traitemens des membres furent alors réglés selon leur grade, et depuis garantis par la charte constitutionnelle ; et cependant, une ordonnance du 19 juillet 1814, en déclarant que les promotions à venir, jusqu'à ce qu'il en soit autrement ordonné, ne donneront plus de droits à des pensions, décide que celles des titulaires alors existantes seront diminuées, sans déterminer encore dans quelle proportion.

Une ordonnance du 3 août 1814 fixe cette réduction *à moitié.*

Ensuite, la loi du 15 mars 1815 a rétabli le droit au paiement intégral pour les militaires membres de la Légion d'Honneur avant et depuis la charte. Ainsi cette loi, dont les malheurs des temps ont pu suspendre l'exécution, révoqué, mais quant aux militaires seulement, les ordonnances des 19 juillet et 3 août 1814; et elle a été elle-même comme révoquée par une ordonnance du 28 décembre 1816, qui réduit de nouveau à moitié les traitemens.

Tel est à cet égard l'état présent des choses, qui, au lieu d'être immuablement fixé, a suivi, avec des ordonnances, et de révocations en révocations, le cours capricieux des événemens, et se trouve aujourd'hui sous l'empire équivoque de dispositions formellement contraires aux lois existantes.

D'après ces considérations, votre commission propose de nouveau, comme cela a eu lieu l'année dernière, le renvoi des pétitions à M. le président du conseil des ministres, et de plus le dépôt d'une copie au bureau des renseignemens.

M. Chauvelin : L'impression du rapport. (Appuyé! appuyé!)

M. le président : Le réglement n'autorise que l'impression des discours relatifs aux finances.

Une voix au centre : Cette proposition est contraire au réglement.

Le président lit le réglement.

M. Chauvelin : Je demande à motiver ma proposition. (A la tribune.) Le réglement porte que les rapports des commissions seront imprimés. Si, pour les rapports des pétitions on n'a pas encore suivi cette marche, cela ne détruit point le droit qu'a la chambre de prononcer. Le rapport, qui vient de lui être fait a reçu, j'en suis certain, son approbation; il est l'expression de ses desirs. Je demande qu'il soit imprimé.

M. Manuel : Ce rapport est d'ailleurs relatif aux finances.

L'impression est mise aux voix et prononcée. Quelques membres du centre de droite se lèvent seulement à la contre-épreuve.

M. Dupont (de l'Eure) : MESSIEURS, ce n'est pas la première fois que des plaintes sont portées devant la chambre des députés contre l'administration de la Légion d'Honneur. Dans le cours de votre dernière session, de nombreuses pétitions, signalant des abus graves, vous furent adressées, et vous en ordonnâtes le renvoi au président du conseil des ministres, non assurément pour remplir une vaine formalité, mais pour appeler toute l'attention du gouvernement sur les faits dénoncés.

Malheureusement elles sont, comme tant d'autres, restées sans réponse, et pour vous, et pour les pétitionnaires. Ont-elles même été examinées? On serait tenté d'en douter, en considérant ce qui est advenu. Leur objet était pourtant d'une assez haute importance pour échapper au sort commun des pétitions ainsi renvoyées, qui, à deux exceptions près, a été de tomber pour jamais dans l'oubli.

Je ne puis, Messieurs, m'empêcher de dire que le silence du grand-chancelier de la Légion d'Honneur et du précédent ministère, dans cette circonstance, est étrange, et qu'à lui seul il eût suffi pour motiver la dernière proposition de mon honorable collègue

M. Duméilet. Mais la chambre n'ayant pas cru pouvoir l'adopter, et les légionnaires n'ayant obtenu du ministère ni la réparation du tort dont ils se plaignent, ni même réponse à leurs pétitions, il y a pour eux nécessité de se plaindre de nouveau, et pour vous d'examiner avec plus de sollicitude que jamais l'objet de leur réclamation.

La loi du 29 floréal en 10, en instituant l'ordre de la Légion d'Honneur, a aussi fixé les bases de son administration et la quotité des pensions dont chaque légionnaire doit jouir suivant son grade. Cette loi fondamentale, qui existe toujours, puisqu'elle n'a été ni abrogée, ni modifiée par aucune autre loi, a reçu au contraire une nouvelle sanction de la charte constitutionnelle.

Cependant de notables changemens y ont été faits, ou, pour parler plus exactement, elle a été enfreinte dans plusieurs de ses dispositions par de simples ordonnances, contre-signées par le président du conseil des ministres.

C'est ainsi, Messieurs, que le grand conseil d'administration établi par la loi, n'existe plus, et que le grand-chancelier, affranchi de sa surveillance, dirige seul, depuis l'ordonnance du 26 mars 1816, toutes les parties de l'administration, la perception des revenus et le paiement des dépenses.

C'est ainsi que, par une ordonnance du 28 décembre de la même année, que l'on n'a pas même pris la peine d'insérer au *Bulletin des Lois*, ou a réduit arbitrairement, *à moitié*, la pension de chaque légionnaire, et, ce qui n'est pas moins illégal, fait remonter cette injuste mesure jusqu'au 1.er janvier 1814.

C'est ainsi enfin qu'en substituant la volonté d'un ministre à la volonté de la loi, on est parvenu à détruire, ou au moins à atténuer les garanties données à la Légion d'Honneur pour la conservation et le bon emploi de sa dotation.

Il est temps, Messieurs, de mettre un terme à ce désordre. Il faut que la loi reprenne tout son empire, sans qu'il soit permis à personne de la modifier par des ordonnances, qui n'en doivent être que la conséquence et le moyen d'exécution.

La charte, qui a garanti les propriétés, la dette publique et toute espèce d'engagement pris par l'état avec ses créanciers, a aussi maintenu la Légion d'Honneur, et lui a conservé ses grades, ses honneurs et ses pensions. Or, je le demande, n'était-ce pas là aussi un engagement inviolable, et le ministre qui a réduit *à moitié* le traitement des légionnaires, a-t-il pu croire que pour cela il lui suffisait de dire que toutes dispositions antérieures et contraires à ces ordonnances étaient abrogées? Si une pareille doctrine pouvait prévaloir, il y aurait péril, et péril imminent, pour le gouvernement représentatif.

Sans doute on ne manquera pas d'alléguer encore les pertes qu'a faites la Légion d'Honneur, l'insuffisance des revenus, et la nécessité de réduire le traitement de chacun de ses membres.

Mais quelle preuve nous a-t-on donnée jusqu'ici de

la vérité de toutes ces assertions? Pouvons-nous la chercher ailleurs que dans un compte exact et détaillé de l'administration générale de la Légion, de ses revenus et de ses dépenses? Avec ce compte, rendu public et mis sous les yeux des chambres, nous saurons si les intérêts de l'ordre ont été convenablement défendus et conservés; quelle a été la diminution de ses revenus; si ses dépenses ont été réduites en proportion de ses pertes; quelles charges, quels frais d'administration, quels prélèvemens on lui fait supporter. On assure que les frais de bureau et d'administration intérieure sont exorbitans; que des prélèvemens de toute espèce, soit pour des pensions de retraite, soit pour les dépenses de la maison de Saint-Denis, sont aussi très-considérables et sans proportion avec les avantages particuliers qu'en retirent quelques familles de légionnaires.

Quelle que soit cette accusation, et en la supposant même exagérée, je n'en conclus pas moins que les comptes de la Légion doivent nous être présentés, comme ceux de toutes les grandes administrations publiques. Je suis tellement convaincu de leur indispensable nécessité, que s'il était possible qu'on s'en abstînt encore cette année, je n'hésiterais pas à proposer à la chambre une adresse au Roi, pour demander qu'ils nous fussent soumis dans le cours de la session actuelle.

M. le rapporteur de la commission des finances promit, à la séance du 16 avril dernier, qu'ils accompagneraient les comptes et le budjet de 1819 ; espé-

rons que cet engagement sera rempli. Alors chacun
de nous, et même chaque légionnaire, pourra en
examiner toutes les parties en recette et en dépense,
comparer les revenus de 1814 à ceux d'aujourd'hui;
vérifier quel a été l'emploi du prix assez considérable
des nouveaux brevets, et si les pensions éteintes ont
tourné seulement au profit des légionnaires survi-
vans; vérifier aussi l'état et les titres des parties pre-
nantes dans les dépenses, et juger enfin si la réduction
dont on a frappé la pension des légionnaires s'est
étendue dans la même proportion et avec une aussi ri-
gide économie, aux gratifications ou pensions extraor-
dinaires, aux traitemens de la grande chancellerie et
de ses nombreux bureaux, et à tous les prélèvemens
faits sur la dotation de l'ordre, malgré son état de
souffrance.

Je veux croire qu'il résultera de ce compte général,
que la dotation a été convenablement régie; que les
dépenses ont été faites avec une sévère économie;
qu'il n'a été payé de pensions qu'aux légionnaires qui
y ont un véritable droit; qu'enfin la réduction dont
ces pensions ont été frappées, a été commandée par la
nécessité. Dans cette supposition même, restera toujours la question de savoir si la charte constitutionnelle, si la justice et la saine politique permettent de
laisser subsister une semblable réduction. Pour moi,
je pense que nous ne le pourrions pas sans violer le
droit constitutionnellement acquis. Les pensions de
la Légion d'Honneur sont une dette publique, garantie tout à la fois par la charte et par la reconnaissance
nationale.

Dira-t-on que pour acquitter cette dette, il faudrait encore ajouter aux dépenses de l'état, et s'écarter d'un système d'économie dont la nécessité se fait de plus en plus sentir? Je conviens que toujours, et plus encore dans les circonstances actuelles, l'économie est l'un de nos premiers devoirs ; mais je ne crois pas qu'il y ait une véritable économie à manquer à ses engagemens, et je ne crains pas de dire qu'il serait scandaleux de refuser le paiement intégral des pensions de la Légion d'Honneur, lorsqu'on nous voit si facilement consentir au paiement d'une masse d'autres pensions créées, prodiguées par un précédent ministre de la guerre, et dont l'énorme compilation vous a été distribuée à grands frais, mais fort inutilement, tant elle est indéchiffrable, en dix gros volumes *in-quarto*.

Depuis quelques années nous voyons accorder des récompenses nationales, ou de fortes pensions, aux ministres qui quittent les affaires, et qui deviennent ministres d'état ; nous voyons solder à très-grands frais une milice étrangère, dont l'entretien est une charge énorme pour le trésor public, et la présence parmi nous une cause perpétuelle d'ombrage, je dirai même d'irritation pour la France.

Je demande si ce sont là des dépenses économiques, et s'il est possible de voir sans douleur, d'un côté, dix mille Suisses occuper la place de dix mille Français autour du trône et dans notre armée, et d'un autre côté une foule de légionnaires abandonnés sans emploi, et recevant à peine la moitié de pensions si légitimement acquises?

Pour moi, Messieurs, convaincu que j'exprime ici un sentiment éminemment national, je forme le vœu que le gouvernement confie à une armée *toute française* le soin de défendre la patrie et le trône. En cessant de solder des corps étrangers, il sera d'honorables économies, dont le produit sera bien plus que suffisant pour acquitter à l'avenir, et sans réduction, les pensions de la Légion d'Honneur.

J'appuie le renvoi des pétitions au président du conseil des ministres, et le dépôt au bureau des renseignemens.

M. Boin : Je viens combattre les conclusions de la commission, parce qu'elles me paraissent rejeter la demande des pétitionnaires. Il existe une loi du 15 mars 1815, qui ordonne le paiement intégral de la pension des légionnaires. Quoique cette loi n'ait jamais été exécutée, les membres de la Légion d'Honneur ont le droit d'en requérir l'application.

Les dettes de l'ancien gouvernement doivent être acquittées par le nouveau, qui a promis de le faire ; aucune de ces dettes n'est plus sacrée que celle que la France a contractée envers les braves qui l'ont défendue, qui est le prix de leurs services, qui seule peut leur assurer du pain. Je crois donc que nous devons renvoyer à la commission future des finances, qui sera chargée de proposer à la chambre des moyens d'acquitter la créance de la patrie envers ses défenseurs, et d'exécuter la loi du 15 mars 1815. (Appuyé ! appuyé !)

La chambre ordonne qu'une copie de la pétition

soit envoyée au ministre des finances, une autre au bureau des renseignemens, et l'original à la commission du budget.

Séance du 6 Avril 1819.

Le sieur Payen, à Orléans, réclame le paiement de son traitement de la Légion d'Honneur.

La commission propose le renvoi de cette pétition à M. le président du conseil des ministres.

M. Chauvelin : Il faut prendre garde de risquer de ne faire qu'user cette formalité d'un renvoi au président du conseil des ministres, sans en obtenir aucun résultat. La chambre se souviendra que l'année dernière, sur une semblable pétition, après avoir entendu le rapporteur de la commission du budget, section des dépenses, et des renseignemens assez étendus sur les ressources et dépenses de la Légion d'Honneur, elle renvoya, par une forme jusqu'alors inusitée, cette pétition au président du conseil des ministres. Cette année, même décision a été prise sur une nouvelle pétition, et par une autre innovation, la chambre a ordonné l'impression du rapport très-circonstancié qui lui fut fait.

Sans doute personne ici ne se permettra de croire que le gouvernement puisse se dispenser, dans cette session, d'envoyer à la chambre le compte des dépenses de la Légion d'Honneur, accompagné d'un rapport au Roi sur les moyens à prendre pour assurer l'exécution des lois qui ont fondé et confirmé cette institution : sans doute aussi la chambre renverra ce compte et ce rapport à la commission des dépenses : mais ces mêmes principes, ces mêmes motifs, doivent lui faire renvoyer dès aujourd'hui à cette commission toutes les pétitions sur le même objet. Et lorsque cette commission, à laquelle l'examen de tant et de si fortes dépenses est soumis, mettra chacune de ces dépenses en balance avec l'acquittement de la dette contractée envers les simples légionnaires militaires, et qui a été le prix de leur sang, la récompense de leurs glorieux services, il ne se trouvera guère de ces dépenses qui puissent soutenir la comparaison avec une dette aussi sacrée ; et la commission ne manquera pas de vous soumettre les moyens de faire cesser, dès cette année, la banqueroute scandaleuse qui a lieu aujourd'hui à l'égard des légionnaires.

L'article en forme d'avis qui se trouve inséré périodiquement au *Moniteur*, et qui n'est pas même rangé parmi les pièces officielles, ne peut suffire à justifier cette banqueroute, et à balancer l'autorité des lois consécutives de la Légion d'Honneur, et celle du mois de mars 1815.

Je demande en conséquence, et sans préjudice du renvoi au président du conseil des ministres, le renvoi de la pétition à la commission de la loi du budget sur les dépenses. Cette proposition est vivement appuyée : la chambre l'adopte.

M. DELESSERT. — *Séance du 18 Juin 1819.*

MESSIEURS,

On vous a si souvent entretenu de la Légion d'Honneur, qu'il me paraît superflu d'entrer dans de grands détails pour appuyer l'amendement que j'ai eu l'honneur de vous soumettre , tendant à accorder cette année une somme de 3,400,000 fr. pour assurer le paiement intégral du traitement des simples légionnaires militaires.

En 1814, une proposition fut faite dans le même but ; une commission fit un rapport favorable , mais la fin de la session ne permit pas d'y donner suite. Le 15 mars 1815, une loi ordonna le paiement de tous les légionnaires militaires ; mais cette loi se ressentant des circonstances critiques où elle fut rendue, n'a jamais été exécutée : chaque année , depuis lors , une foule de réclamations et de pétitions ont été adressées à la chambre ; toutes ont été accueillies favorablement , et les rapports qui en ont été faits ont prouvé l'intérêt qu'inspirent les pétitionnaires.

Depuis quelques mois vous avez reçu encore de nouvelles pétitions qui y sont relatives ; vous les avez renvoyées à l'examen de votre commission des dépenses , et l'un de nos honorables collègues lui en a fait un rapport détaillé. Je demande qu'avant de rien statuer, il en soit donné lecture à la chambre , qui y trouvera tous les renseignemens qu'elle pourrait desirer.

En lisant ces pétitions, les rapports, les mémoires, et les comptes qui vous ont été présentés à ce sujet, nous ne pouvons nous empêcher d'être frappés des droits des légionnaires, et surtout de la nécessité d'une loi qui puisse enfin régler d'une manière définitive tout ce qui regarde une institution consacrée par la charte. Chaque année de retard rend sa position plus embarrassante en augmentant son déficit.

Il est urgent d'examiner si les abus qu'on vous a dénoncés, et qui, j'espère, ne sont pas fondés, existent réellement, et dans ce cas de prendre des mesures pour les faire cesser.

Il est urgent surtout, de faire ensorte que l'arriéré n'augmente pas chaque année d'une manière si effrayante ; car l'insuffisance des fonds a occasioné un arriéré énorme, qui monte actuellement à 40 millions, et qui s'accroît chaque jour.

En attendant la présentation de cette loi, sur la nécessité de laquelle nous ne saurions trop insister dans l'intérêt du gouvernement comme dans celui des légionnaires eux-mêmes, nous devons chercher à réaliser un vœu qui a été souvent exprimé depuis plusieurs années, c'est celui de faire payer intégralement le traitement des simples légionnaires militaires.

Je n'examinerai point ici quels peuvent être les droits de tous les membres de l'ordre, tant sur le paiement annuel que sur les arrérages ; quelles seraient les mesures à prendre pour leur rendre justice avec les fonds actuels de la dotation ou avec ceux que l'on jugerait convenable d'y ajouter ; mais quelque opinion qu'on ait à cet égard, et en attendant que l'on nous mette à même d'en délibérer, il vous paraîtra convenable d'assurer au moins cette année le paiement des 250 francs aux simples légionnaires militaires. D'après les renseignemens donnés à la commission des dépenses, une somme de 3,400,000 francs serait suffisante.

En refusant plusieurs des économies qui vous ont été proposées, vous avez voulu donner une preuve évidente de votre desir de ne rien faire qui pût contrarier le ministère, et d'accorder tout ce qui est nécessaire pour assurer le service.

En proposant d'accorder aux simples légionnaires le paiement intégral de leur pension, vous mettrez entre les mains du gouvernement un moyen puissant de calmer des plaintes fondées; de lui ramener des esprits qu'une longue injustice en avait peut-être éloignés; vous n'imiterez pas à cet égard la conduite d'un ministère timide, qui n'avait pris cette mesure en mars 1815 que par crainte; semblables à ces nautonniers qui font des vœux pendant la tempête, et les oublient bientôt après; vous, au contraire, Messieurs, vous serez justes par le sentiment seul de la justice, et vous n'aurez besoin d'aucun autre motif pour remplir des engagemens sacrés.

L'objection qui me semble avoir le plus frappé l'assemblée, et qu'on ne manquera pas de reproduire, c'est que nous n'avons pas le droit de proposer une dépense, et que toute initiative à cet égard doit venir de la part du gouvernement : j'avoue que je ne vois pas sur quel article de la charte on appuie cette opinion, et pourquoi la loi des finances, qui regarde plus spécialement la chambre des députés, puisqu'elle doit lui être adressée en premier lieu, différerait de toutes les autres lois, auxquelles, conformément à l'art. 46 de la charte, nous pouvons faire tous les amendemens que nous jugerons convenables, sauf au Roi à les approuver ou à les rejeter. Au reste, c'est un droit qui n'a jamais été mis en question, et que plusieurs exemples ont consacré : je citerai entr'autres ce qui s'est passé lors de la discussion de la loi de finances de 1816; la commission du budget proposa de faire deux changemens importans au projet du gouvernement; le premier, une augmentation de 6 millions à la dotation de la caisse d'amortissement ; le deuxième, une augmentation de 5 millions aux dépenses du clergé ; ces deux amendemens furent adoptés par les chambres, et approuvés par le Roi.

Si cet exemple ne suffisait pas, Messieurs, je demande à mon honorable collègue qui s'est élevé avec le plus de force contre cette initiative, la permission d'invoquer une autorité qui, sans doute, lui paraîtra sans réplique ; c'est celle du rapporteur de la commission du budget de l'année dernière, qui, à l'occasion des dépenses du clergé, s'exprimait ainsi :

« Les dépenses du clergé ont été déterminées sur un état de choses bien plus considérable que celui qui existe :

» On a d'ailleurs remarqué que des traitemens sont susceptibles de retranchemens considérables.

» Il résulterait de ces observations, que la somme de 22 millions devrait être réduite à moins de 20 millions ; mais, d'un autre côté, Messieurs, le traitement des desservans n'est fixé qu'à 7 et 800 fr., et un grand nombre d'anciens ecclésiastiques languissent dans le besoin et dans une sorte de misère.

« Votre commission a pensé qu'elle se conformerait » à vos vues et à vos sentimens, en vous proposant » de ne faire aucune réduction sur la somme de » 22 millions, et en abandonnant celle de 2 millions, » qui pourrait en être retranchée pour une augmen- » tation de traitemens pour les desservans et pour » des secours à d'anciens religieux et religieuses, » parmi lesquels on doit compter les anciens religieux » profès de l'ordre de Saint-Jean de Jérusalem. »

C'est ainsi, Messieurs, que parlait votre rapporteur l'année dernière ; et en remplaçant les mots desservans et religieux par ceux de militaires légionnaires, j'aurais pu employer les mêmes termes que lui, et dire : Les dépenses de l'Etat ont été déterminées sur un état de choses bien plus considérable que celui qui est nécessaire ; nous avons remarqué qu'elles étaient susceptibles de diminutions considérables.

Mais, d'un autre côté, le traitement des légionnaires militaires n'est fixé qu'à 125 francs au lieu de 250 francs, et un grand nombre de donataires, de veuves et d'orphelins languissent dans le besoin et dans une sorte de misère.

Nous avons pensé que nous nous conformerions à vos vues et à vos sentimens, en vous proposant une augmentation de 125 fr. au traitement des légionnaires militaires, et des secours aux donataires.

Comme vous le voyez, Messieurs, je n'ai fait que substituer les mots de *militaires* et *donataires* à ceux de *desservans* et *religieux ;* et ayant pris la liberté d'emprunter les propres expressions de votre honorable rapporteur, j'espère que, dans cette occasion, il ne regrettera pas ce nouveau succès.

Sans doute, Messieurs, il eût été plus convenable que le gouvernement eût fait lui-même cette proposition ; nous verrons toujours avec plaisir qu'il prenne l'initiative de ce qui est bien , de ce qui est juste , de ce qui est politique , et que de cette manière il nous réduise au silence ; mais en attendant , puisque l'on s'occupe de diminuer les retenues sur les employés et sur les pensionnaires, je crois qu'il est en même temps de notre devoir de diminuer aussi celles qui existent sur les légionnaires et les donataires.

Est-il juste , lorsque vous consacrez des sommes aussi énormes pour des pensions ; lorsque vous donnez si généreusement un million 600,000 francs par an pour des secours à des militaires non pensionnés et aux réfugiés étrangers , vous laissiez languir dans le besoin des Français qui ont aussi mérité des récompenses au prix de leur sang , et qu'ils soient forcés par cet abandon de cacher des décorations honorables qui couvrent sans doute plus d'une cicatrice , plus d'une blessure glorieuse ?

Je persiste dans mes amendemens :

1.° Il sera accordé , pour 1819 , une somme de

3,400,000 francs à l'administration de la Légion d'Honneur, pour la mettre à même de payer, pendant ladite année, les traitemens de 250 francs aux simples légionnaires militaires;

2.º Il sera également accordé, pour 1819, une somme d'un million pour augmenter les secours à donner aux donataires des quatrième, cinquième et sixième classes.

On demande et la chambre ordonne l'impression de ce discours.

M. Boin présente une opinion développée, dans laquelle il appuie l'amendement de M. Delessert.

L'impression est également ordonnée.

M. Courvoisier : L'importance constitutionnelle de cette question m'engage à prier la chambre de me permettre de la traiter avec quelque étendue.

L'éloge de la Légion d'Honneur né trouvera pas de contradicteurs dans cette chambre; comme Français, l'honneur m'oblige à entourer tous les membres de cette Légion du plus vif intérêt; mais comme député, je dois m'attacher à défendre les principes.

L'orateur retrace avec beaucoup d'exactitude les différentes modifications, les changemens que l'administration de la Légion d'Honneur a successivement subis. Il cite les réglemens constitutifs de cet établissement, le nombre de ses membres tel qu'il était fixé par la loi de son organisation.

L'honorable membre pense que la proposition faite par M. Delessert ne saurait être admise, attendu que la chambre, en votant le budget, ne peut ajouter

aucun crédit avec une affectation sur le crédit de-
mandé ; qu'elle ne peut pas affecter tel ou tel crédit
à tel ou tel article du budget ; qu'enfin ce qui concerne la Légion d'Honneur est entièrement étranger
au budget, et ne peut y trouver place.

Si quelqu'un, dit l'orateur, pense que la loi du
15 mars doit recevoir son exécution, il faut qu'il fasse
une adresse au Roi ; ou s'il croit qu'un ministre est
coupable en n'exécutant pas cette loi, il faut l'ac-
cuser.

L'orateur vote pour le rejet de l'amendement.

M. Chauvelin : Messieurs, je ne me souviens pas
d'avoir jamais paru devant vous à cette tribune avec
une plus juste défiance de la faiblesse de mes moyens.
J'ai à répondre à l'improviste à un orateur dont nous
reconnaissons tous le talent ; qui a développé toutes
ses forces, et réuni tout ce qui pouvait vous donner
une idée de la profonde conviction qu'il éprouve ; il
semble aujourd'hui s'être surpassé lui-même, péné-
tré sans doute de la nécessité de déployer tous ses
moyens dans une aussi importante question.

J'ajouterai que les liens qui m'attachent à l'institution que je viens défendre, ajoute encore à la diffi-
culté de ma position ; ma défiance en augmente, et
je tremble de nuire à la cause que j'embrasse, en ne
développant pas avec assez d'énergie ou de clarté les
motifs qui parlent assez en sa faveur. J'essaierai cependant de rétablir les faits, et de repousser les raisonnemens qui vous ont été présentés.

L'orateur a commencé par vous présenter le paral-

lèle de ce qu'était la Légion d'Honneur avant la restauration, et de ce qu'elle a été depuis; de ce qu'elle
possédait, et de ce qu'elle a perdu par suite des événemens politiques de cette époque. Ce qu'il a dit à
cet égard, Messieurs, n'a pu faire qu'une faible impression sur vos esprits. L'état de la Légion d'Honneur était bien connu quand celui qui nous a donné
la charte a maintenu la Légion d'Honneur, ses honneurs et ses prérogatives : les dispositions de la charte
qui étaient destinées à apporter quelques consolations
à des hommes dans l'état desquels s'opéraient de si
grands changemens, n'ont point échappé à l'attention
de ceux qui portent un véritable intérêt à la Légion
d'Honneur; ce qui existait a été garanti par les pro-
messes les plus solennelles; et c'est dans cet état que
les parties se présentent devant vous.

On a dit que depuis une ordonnance rendue en
1816 a proportionné aux moyens existans ce que
l'état pouvait faire en faveur des légionnaires: si nous
avions ici à faire de cette disposition l'objet d'un
examen particulier, on pourrait revenir sur les intentions du ministre qui a signé cette ordonnance; c'est
la loi du 15 mars 1815; vous ne la confondrez pas
avec les ordonnances d'une époque où elles se traî-
naient les unes après les autres, jusqu'au moment où
l'on a été forcé de convenir qu'on avait suivi une
fausse route, et que des périls imminens ont fait
prendre un nouvel et solennel engagement envers les
légionnaires.

Certes, ce ne serait pas servir d'une manière honorable ceux qui ont pris cet engagement dans des circonstances si difficiles, que de dire qu'ils ne l'ont pas pris avec la résolution formelle de le remplir. Je ne saurais comment qualifier une telle disposition, si elle n'était que le fruit de l'inadvertance ; et si elle était aujourd'hui désavouée, je demanderais quels sont ceux qui servent ou desservent ses auteurs.

Des engagemens ont été pris ; ils l'ont été par une loi ; peut-on se dispenser de les remplir ? Voilà la question. S'il y a possibilité de les remplir, si du moins votre état actuel, peu satisfaisant sous tant de rapports, donne quelques possibilités de commencer à les remplir, qui pourrait hésiter ? La question ne se lie-t-elle pas aux plus grands intérêts nationaux ? Avez-vous une occasion plus belle d'honorer les souvenirs du passé, de donner des consolations à l'avenir ? quelle cause plus intéressante pourrait être plaidée en face de la nation tout entière, si elle pouvait être réunie dans cette enceinte ! avec quelle vive sollicitude, avec quel sentiment de reconnaissance et d'attention ne la verriez-vous pas porter les yeux sur les modestes légionnaires, forcés de cacher leur décoration entre leurs vêtemens délàbrés et leurs glorieuses cicatrices, tristes et honorables objets de respect à la fois, et de commisération ! (Très-vive sensation.)

Sans nous laisser influencer, Messieurs, par les mouvemens d'une opinion factice, sans la chercher dans les organes où elle peut s'exprimer ou s'égarer, sans la chercher dans les pétitions, et sans prétendre à cette popularité vaine dont on a souvent parlé, songeons, Messieurs, à ne jamais nous écarter des véritables sentimens de la nation, en tout ce qui concerne la morale publique et l'amour de la patrie: ne nous séparons pas de la nation, et du sentiment de justice qui lui fait desirer l'acte de réparation que vous devez voussentir pressés d'accorder.

Voyons actuellement s'il n'est pas possible de faire ce qu'on propose, et apprécions les raisonnemens insidieux qui tendraient à vous empêcher de faire le bien qui est possible, parce que vous ne pouvez accomplir toute la justice qui est due. Examinons en ce sens la question de la théorie de l'amendement ; la charte vous en accorde assurément le droit, et tout le talent des orateurs peut être employé à en connaître l'usage ; mais ce qui est acquis par une loi est acquis; il s'agit non d'un amendement, mais de savoir si une loi est exécutée, ou pourquoi elle ne l'est point.

M. le rapporteur vous a dit qu'il ne vous appartenait pas de voter des dépenses ; c'est assurément une grande politesse faire à la nation que de la bien prévenir, que lorsque nous nous consumons en efforts pour obtenir des économies, elle n'aura point à craindre que nous ne l'entraînions à de folles dépenses; mais les limites des pouvoirs ne sont pas telles. Il est dans vos devoirs de voter les recettes et de voter les dépenses. Vous ne faites rien autre chose en votant le budget.

Le Roi même doit le desirer. Il est des circonstances où le gouvernement pourrait hésiter à vous placer de lui-même entre les intérêts des contribuables et le besoin d'ordonner une dépense juste et nécessaire. Pourquoi le gouvernement, dans de telles circonstances, ne s'en reposerait-il pas sur vous du soin de prendre l'initiative? Pourquoi, lorsqu'il s'agit des intérêts de la Légion d'Honneur, de cette portion si respectable de la nation, que je l'appellerais la nation elle-même, n'aurait-il pas cru pouvoir attendre que la voix des représentans de cette nation s'élevât en leur faveur? Pourquoi n'aurait-il pas dit: Il s'élèvera au sein des chambres un beau mouvement qui acquittera une dette sacrée? L'initiative est donc ici non-seulement dans vos droits, mais dans les convenances même du gouvernement.

M. le rapporteur vous a parlé, dans une autre circonstance, du danger qu'il y aurait à laisser voter des dépenses par la chambre, et qu'une chambre corrompue pourrait servir le pouvoir au-delà de ses vœux; mais j'observerai que les gouvernemens qui ont le talent de corrompre ont aussi le talent de conduire, et que ce ne serait pas précisément pour les dépenses qu'ils croiraient nécessaires d'amener au plus haut degré la condescendance ou la servitude des chambres. On sait bien que l'opinion s'éloignerait bien vite d'une représentation où l'esprit de servage se manifesterait par des propositions aussi déplacées.

Vous vous rappelez, Messieurs, et ceci fait honneur à la loyauté du gouvernement, que M. le garde-des-sceaux vous a dit qu'à moins de nécessité imprévue et absolue, le ministère s'était fait une loi de ne jamais déranger les allocations votées par la chambre

J'en conclus donc que les allocations peuvent et doivent être faites; or, que sont-elles autre chose qu'un vote de dépenses?

Les antécédens parlent ici trop haut pour être méconnus. C'est de votre propre mouvement que vous avez voté six millions pour la caisse d'amortissement, cinq millions pour le clergé, et il a été exprimé des regrets de ne pouvoir en faire davantage; bien plus, vos délibérations de ce jour sont sans doute présentes à tous les esprits.

Après cela, comment ne pas s'étonner de voir des membres de la chambre, oubliant tout ce qui a été fait depuis qu'elle existe, venir tout-à-coup nous dire que nous ne pouvons en quelque sorte voter que de la bouche, et les mains liées au corps, sans user des droits que la charte nous assure, et que tous les antécédens ont établis? Il faudrait donc dire que la loi présente est parfaite. Or, quelque confiance que j'aie dans le ministre qui présente la loi de finances et dans le conseil d'état, que je ne vois pas au surplus avoir été appelé à sa préparation, je ne puis croire que la délibération de la chambre ne puisse y rien ajouter d'utile.

Il s'agit ici d'un acte de justice et de rémunération nationale. C'est aussi un acte de cette nature, c'est aussi une récompense nationale envers M. le duc de Richelieu, dont la proposition est née au sein des Chambres, et on n'a pas paru croire alors que vous sortissiez de vos attributions. Ici, il ne s'agit pas d'un seul homme, mais d'une réunion d'hommes qui ont contribué à jeter le plus grand éclat sur le nom français , et qui ont rougi de leur sang le ruban qu'ils sont si justement fiers de porter : ils sont dans un état de détresse extrême; c'est dans cette enceinte qu'ils doivent trouver des défenseurs : et quand on vous a dit, Messieurs, Oublions ici la Légion, oublions ses services...... En écoutant cette injonction , Messieurs , je me suis bien promis d'y manquer. (Vive sensation.)

Il faut qu'on sache que ces services ne peuvent être et ne seront jamais oubliés , et qu'il y aura toujours dans cette chambre des membres prêts à en revendiquer le prix avec tout le zèle et toute l'énergie dont ils sont capables. La proposition qui vous est faite acquitte seulement une partie de votre dette; mais vous faites ce qui est possible ; vous le faites dans la limite de vos droits et de vos devoirs. Je vote pour la proposition.

Un grand nombre de voix : Appuyé ! appuyé!....

M. le garde-des-sceaux : Il n'est dans les questions difficiles qu'un moyen de les traiter, c'est la franchise ; de les décider, c'est la justice.

Ceux qui ont parlé sur cette question m'ont paru avoir des idées fausses sur l'état des choses.

D'après la loi de fondation de la Légion d'Honneur, elle est un établissement qui jouit d'une dotation , et qui est administrée par son conseil.

La loi qu'on vous propose, si elle était adoptée, tendrait à changer son institution.

Dans les circonstances très-difficiles que nous avons

traversées pendant trois années , il est arrivé que l'on reconnaissait, pendant la discussion du budget , des dépenses nécessaires.

Mais la dépense de la Légion d'Honneur est une dépense d'un ordre tout particulier, d'un ordre administratif; j'ai presque dit essentiellement royal. Comme la dotation de la Légion d'Honneur est le prix des plus glorieux services, lorsque les circonstances le permettront, ce sera une rémunération nationale , et la chambre ne voudrait pas s'interposer entre le monarque; elle laissera au Roi le mérite de cet acte rémunératoire.

Telles sont les observations que j'avais à soumettre à la chambre. Je la supplie de croire que la situation des membres de l'ordre de la Légion d'Honneur occupe constamment la pensée du gouvernement du Roi. Mais en même temps, je supplie la chambre de maintenir fermement , et d'une manière inviolable, les principes de notre gouvernement, qui seraient évidemment compromis, si vous adoptiez l'amendement qu'on vous propose. Je rends de nouveau justice aux sentimens qui l'ont dicté; mais ainsi d'accord sur les sentimens , j'espère que nous le serons également sur les principes.

M. Manuel : MESSIEURS, quel était l'état de la Légion avant la restauration, quel il a été depuis, quelle est la charge que doit supporter l'état pour accomplir les intentions de la charte ? Ce n'est point là la question.

La seule question est celle-ci : la loi du 15 mars a-t-elle été rendue, a-t-elle été rapportée? Si elle existe, pourquoi n'est-elle pas exécutée? Pourrait-on dire que lorsqu'elle a été rendue, l'état où la Légion se trouvait alors n'était pas connu? je ne le pense pas. Les événemens en avaient décidé. Ainsi c'est une loi formelle qui a mis à la charge de l'état la dotation de la Légion d'Honneur.

J'ai entendu parler d'une ordonnance qui a porté atteinte à l'exécution de la loi; l'a-t-elle pu? Ce n'est pas ici que cette question peut s'élever; aussi prend-on sa force pour annuller les effets de la loi dans les événemens qui l'ont suivie. Permis à qui le voudra, Messieurs, de critiquer les actes de cette époque et les mesures qu'on a prises pour se défendre; mais sans considérer les événemens et les époques, je respecte les lois existantes; la loi pouvait n'être pas rendue; peut-être ne devait-elle pas l'être, je le crois; mais elle existe.

Il est quelque chose, Messieurs, qui doit résister aux crises révolutionnaires et aux tourmentes politiques; ce sont les lois d'un état. Où en serions-nous si, à chaque crise politique, on regardait les lois comme anéanties! à quel bouleversement ne serions-nous pas exposés! Quels droits seraient acquis, quels droits seraient respectés? Jamais prétention semblable ne fut élevée: alors même que tout était révolutionnaire, alors même que, voulant tout attaquer, on allait jusqu'à renverser les moyens créateurs des lois, les lois subsistaient encore.

La loi est vicieuse, impraticable ! qu'on la réforme, qu'on vienne nous en demander l'abrogation : tout alors est légal et régulier ; sans cela tout est renversé, et tous les principes sont méconnus.

Mais, dit-on, faites vous-même une proposition de loi. Il est impossible, Messieurs, que cette idée soit présentée sérieusement, car nous ne pouvons faire une proposition de loi pour qu'une loi soit exécutée. Nous ne pouvons ressembler à ces juges italiens, qui, obéissant à une jurisprudence encore voisine de la barbarie, rendent dix jugemens pour l'exécution de leurs jugemens précédens.

S'il en était ainsi, cependant ; s'il s'agissait de la proposition d'une humble adresse au Roi, la discussion serait oiseuse, je suis prêt à la déposer sur le bureau..... (*Une foule de voix* : Eh bien, oui, oui, déposez-la....) Mais on soutient, d'un autre côté, que la proposition ne pourrait être admise, en ce sens que nous ne pouvons proposer des dépenses ; il serait donc inutile de faire la proposition.

Je ne m'engagerai pas, Messieurs, dans la discussion de la théorie de l'amendement : déjà, en 1815, 1816 surtout, cette théorie a été débattue, et il a été fait des usages différens de la faculté dont il s'agit. Je reconnais que l'amendement doit sortir du sujet, s'attacher à la matière de la loi ; or ici n'en sort-il pas évidemment ? N'est-il pas reconnu que nous nous occupons des dépenses de l'état ? Ne pouvons-nous en retrancher une partie ? ne pouvons-nous émettre notre vœu pour l'addition d'une autre partie par un amendement soumis à l'autre chambre et au Roi, qui peuvent le rejeter ?

En toute autre matière, la similitude peut être établie. Sur la presse, par exemple, ne pouvions-nous pas croire les dispositions trop favorables au gouvernement, et les réduire ? Sans doute; mais ne pouvions-nous pas aussi ne les pas trouver assez fortes pour sa garantie, et les augmenter ? Personne sans doute ne le contestera, et cette prétention n'eût éprouvé aucune opposition, si cet accroissement de force eût été reconnu nécessaire.

Votre position est la même relativement aux finances de l'état. Vous devez en saisir l'ensemble pour que la machine marche sans obstacle, et que toutes ses forces agissent également : il faut prévoir le cas d'une omission de rouage qui ferait craindre un accident ; et c'est en ce sens que la faculté de l'examen et de l'amendement vous est assurée. Ainsi donc vous verriez le mal, et vous ne pourriez y porter remède ! vous verriez le danger, et votre prévoyance ne pourrait le détourner ! Il n'y a pas de raisonnement, Messieurs, avec lequel on puisse vous démontrer que vous n'en avez ici le pouvoir ni le droit. Le simple bon sens l'a prouvé ; mais les antécédens le prouvent bien mieux encore.

Est-ce donc la première fois que vous votez des dépenses non proposées par le gouvernement? Je ne parle pas de la caisse d'amortissement, du clergé : le gouvernement alors n'a pas réclamé en faveur de son initiative; ce n'était pas un oubli, une omission , une négligence; il a été convaincu de votre droit, et n'a rien contesté. Je ne parle pas non plus de la disposition par laquelle, en 1818, vous avez ordonné une exception au cumul; mais aujourd'hui même, à cette séance, il n'y a qu'un moment, vous avez adopté des dispositions égales en faveur des vétérans de Juliers et d'Alexandrie, des chevaliers de Malthe et des chevaliers de Saint-Louis; personne ne s'est élevé contre cette usurpation de l'initiative.... (*Une voix* : Si fait... M. Blanquart-Bailleul.) Certes , je respecte la décision de la chambre à l'égard de ces derniers, et elle approuvera la réserve qui me défend d'établir une comparaison.... (*Une foule de voix à droite.*) Parlez, parlez..... pas de réserve..... — Que voulez-vous dire ?)

Sans doute , Messieurs, quant aux sentimens du cœur , quant au principe d'honneur, les droits sont égaux; mais les chevaliers de Saint-Louis ont des droits à une allocation fondée sur une ordonnance , et les droits que nous réclamons en faveur des chevaliers de la Légion d'Honneur sont fondés sur la charte et sur une loi; vous me permettrez donc d'établir qu'à cet égard les chevaliers de Saint-Louis ne peuvent soutenir la comparaison..... (Une vive agitation succède.)

Ainsi nous avons vu passer des dispositions semblables aujourd'hui même ; et des réclamations ne s'élèvent, et les raisonnemens ne se pressent que quand il s'agit des droits acquis et reconnus par le gouvernement et par la chambre elle-même ! Car, Messieurs, le gouvernement d'aujourd'hui est le même que celui de l'époque où la loi fut rendue ; c'est la même forme de représentation , c'est la même chambre constitutionnellement renouvelée ; rien n'est changé , et la loi subsiste tout entière. Elle récompense d'éclatans services ; vous ne les oublierez pas , ainsi qu'un orateur a cru pouvoir vous y inviter ; vous en êtes incapables. Je démande que l'amendement de M. Delessert soit mis aux voix.

M. Benjamin Constant demande la parole.

Une foule de voix : La clôture, la clôture.... Ce sera dans le même sens..... La question est entendue.

M. Casimir Perrier : Je démande l'impression du discours de M. Manuel.

L'impression est ordonnée.

M. Benjamin Constant monte à la tribune.

M. Courvoisier : Il faudrait au moins parler alternativement pour et contre l'amendement.

M. de Chauvelin : Vous n'avez jamais refusé la parole à un membre qui la demandait dans des questions de cette importance ; nous pouvons très-bien consacrer la fin de cette séance à de nouveaux développemens de cette discussion. M. Benjamin Constant demande à parler sur la position de la question : il pense que, par la manière dont il desire qu'elle soit posée, elle ramènera un plus grand nombre de membres en faveur de l'amendement. J'insiste pour qu'il soit entendu.

On demande de nouveau la clôture de la discussion.

M. le président consulte la chambre. — La discussion n'est pas fermée.

M. Benjamin Constant : Je crois en effet que la question n'est pas bien posée, et que ce n'est point ici d'un amendement qu'il s'agit : la question est celle-ci : la loi du 15 mars sera-t-elle exécutée ? et dès lors il faut poser la question de savoir si elle sera maintenue ou abrogée ; il ne peut y en avoir d'autre. Les lois sont là, ou elles n'y sont pas : il n'est pas du tout question de les exhumer ; on n'exhume pas une loi qui est en pleine vie ; mais de savoir si elles existent ; il faut les exécuter ou abroger, il n'y a pas de milieu. Je n'examinerai pas si elle a été un acte de faiblesse mal entendu ; ce n'est pas de cela qu'il s'agit ; si on ne veut pas l'exécuter, il faut que, par une proposition formelle de loi, on vienne en proposer l'abrogation ; tant qu'on ne le fera pas, nous sommes fondés à en demander l'exécution. Ce n'est pas une dépense que nous votons, c'est l'accomplissement d'un engagement pris que nous réclamons. En vain parlerait-on du moment où cet engagement était pris ; où en serions-nous si les ministres, pour ne pas exécuter une loi, n'avaient besoin que de rappeler les circonstances où elle a été rendue ! Et comment ne verrait-on pas que la proposition, au lieu d'être un acte d'hostilité, est un acte de véritable harmonie ? On a parlé d'accusation ; oui sans doute nous pourrions la provoquer pour une telle inexécution d'une loi existante ; mais qui ne sent que personne d'entre nous ne voudrait recourir à ce moyen extrême ? Ce serait là un acte hostile, et ce n'est point ce que nous demandons. La proposition n'est qu'un acte d'harmonie et presque de déférence. Que si la question s'engage au fond, je l'examinerai, et j'espère présenter à la chambre des considérations qui la détermineront à se rendre l'organe et l'interprète de la reconnaissance nationale. Quant à présent, je demande que la chambre soit consultée sur la question de savoir si la loi du 15 mars sera maintenue ou abrogée. (Des murmures s'élèvent.)

M. le président : Il est bien évident qu'il m'est impossible de mettre aux voix une proposition ainsi présentée.

On demande de toutes parts à aller aux voix sur l'amendement de M. Delessert.

M. le garde-des-sceaux prétend que le préopinant n'a pas dit un mot sur la position de la question.

M. le président relit l'amendement de M. Delessert, et consulte la chambre.

Une grande partie de la gauche et quelques membres du centre se lèvent pour l'amendement.

Toute la droite, le centre, et quelques membres de la gauche, se lèvent contre l'amendement.

M. le président. L'amendement est rejeté.

Le premier amendement de M. Delessert est rejeté. Par le rejet de cet amendement, les membres de la Légion d'Honneur ont vu leurs espérances trompées ;

mais en remettant sous les yeux de messieurs les députés de 1819 à 1820, leurs droits, qui sont garantis
par l'article 69 de la charte, et la loi du 15 mars 1815,
ils ont lieu d'espérer que les intentions paternelles de
Sa Majesté seront remplies, par la justice qui leur
sera rendue.

A Messieurs les Députés qui ont parlé en faveur des Membres de la Légion d'Honneur.

MESSIEURS LES DÉPUTÉS,

Veuillez agréer l'expression de ma reconnaissance pour les honorables efforts que vous avez faits, en défendant les droits des Membres de la Légion d'Honneur.

Pénétrés des mêmes sentimens, tous les Membres de l'ordre qui, comme moi, ont acheté chèrement le droit de réclamer contre la réduction de leur traitement, attendent avec confiance que justice leur soit rendue;

Et ils ne doutent pas de l'obtenir enfin, MESSIEURS, si vous daignez continuer à leur prêter le même appui.

J'ai l'honneur d'être, avec le plus profond respect,

MESSIEURS LES DÉPUTÉS,

Votre très-humble et très-obéissant Serviteur,

MARIÉ DUPLAN,

Officier de la Légion d'Honneur, etc.

Paris, le 18 octobre 1819.

www.ingramcontent.com/pod-product-compliance
Lightning Source LLC
Chambersburg PA
CBHW061639060726
47597CB00005B/1958